de bal is een boot

Stefan Boonen
met tekeningen van Greet Bosschaert

Zwijsen

hut hout

loes poes

ik ben toon.
ik ben in de hut.
de hut is van hout.
de hut is in de tuin.
in de tuin is ook een beek.

hier is loes de poes.
de poes is ook in de hut.
in de hut zie ik mijn bal.
de bal is wit.
ik rol de bal naar loes.
de poes tikt de bal.

de bal rolt naar de beek.
ik hol ook naar de beek.
de bal rolt de beek in.
weg bal.

bal beek

3

kom nou hier

daar vaart

bal boot

4

kijk nou!
de bal is net een boot.
een boot op de beek!
de bal vaart weg.
kom hier, bal!
kom nou hier!

ik loop op de weg.
de weg bij de beek.
daar vaart mijn bal.
hij vaart in de beek.
de bal is bij een boom.
de boom is net een paal.
een paal op de beek.
een weg op de beek?

op een tak zit een mus.
wat moet ik doen, mus?
daar vaart mijn bal weer.
niet doen, kom nou hier.

tak

ver voor

toon

bal
beek

leun

6

waar is mijn bal nou?
ik zie hem niet.
ik leun naar voor.
ik leun ver naar voor.
daar is mijn bal.
de bal kan niet weg.
daar is een tak.

was ik maar een reus.
dan kon ik bij mijn bal.
maar ik ben toon.
en mijn bal is in de beek.

ik leun weer naar voor.
de bal is in de beek.
bij de tak.
hij kan niet weg.

ik leun ver

beek is nat

8

ik leun heel ver.
ik zet mijn been naar voor.
ik val naar voor.
ik val in de beek!

de beek is niet diep.
maar ik ben wel nat.
nat van kop tot teen.

daar is mijn bal.
ik haal hem weg bij de tak.
ik wil weg.
de beek is nat.
ik kan hier niet weg.

ik weet al wat.
hup, ik mik de bal.
de bal is op de weg.
nou ik!

vies

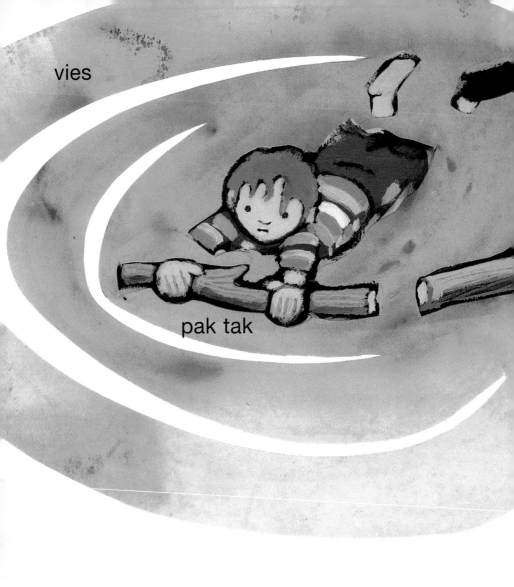

pak tak

ik ben een aap.
ik pak naar een tak.
weg tak!
ik val weer in de beek.
de tak was rot!

de beek is nat en vies.
is er ook een rat?
ik hoop van niet.
een rat is ook vies.

daar is een boom.
een boom met een tak.
ik pak naar de tak.
de tak is niet rot.

ik hijs en hijs.
ik kom op de weg.

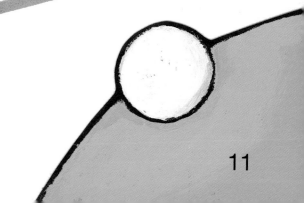

11

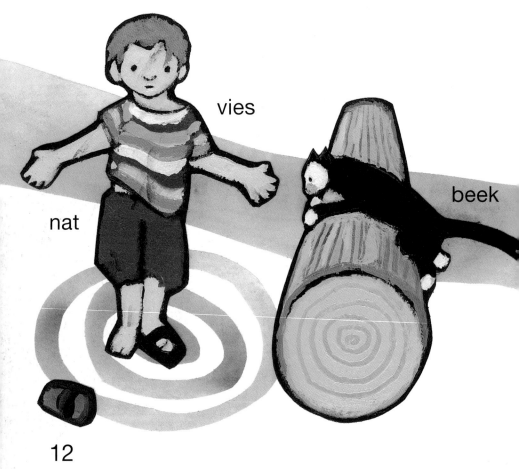

vies

beek

nat

12

ik ben nat.
en wat ben ik vies!
waar is de weg nou?
is de weg weg?
nee, daar is de weg.

moet ik weer door de beek?
en dan naar de weg?
ik wil niet door de beek.
ik weet wat ik moet doen.

ik loop bij de beek.
het is hier raar.
ik buk voor een tak.
ik ben nat en ik ril: brrr...

wil weg

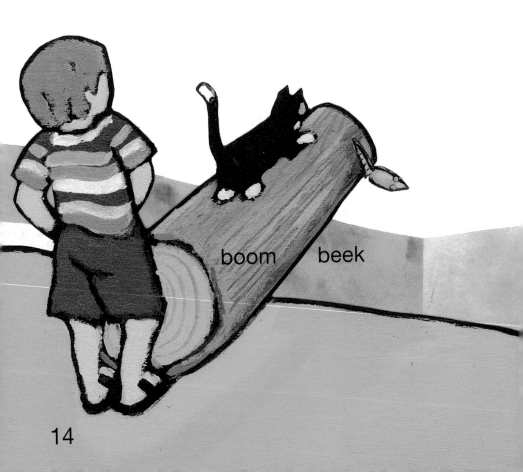

boom   beek

daar is een boom.
op de boom loopt mijn poes.
ik wil weer naar de weg.
ik wil niet door de beek.

wat mijn poes kan, kan ik ook.
ik zet mijn voet op de boom.
ik val net niet in de beek.

kijk nou!
daar zit een rat.
de rat zit op de boom.
weg, rat.
'aan de kant rat,' roep ik.
poes loopt naar de rat.

voet voor voet
naar de hut

16

de rat is weg.
hij is in de beek.
ik zet mijn voet op de paal.
en ik zet nog een voet op de paal.
voet voor voet.

ik val net niet.
ik doe wat poes doet.
de weg is niet ver meer.

ik ben weer op de weg.
ik wil naar mijn hut.
maar waar is mijn bal?
ik loop niet naar de hut.
ik zoek mijn bal.

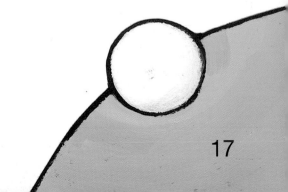

hut

loes

doek

soep  kom

18

hier is mijn bal.
op naar de hut.
waar is mijn poes?

ik ben in de hut.
poes is ook in de hut.
de bal is ook in de hut.
mam haalt soep en een doek.

ik neem de doek.
ik eet de soep.
mmmmmm...
kom, poes.
kom maar op de doek.

de bal is een boot
Stefan Boonen en Greet Bosschaert

tim toer
Monique van der Zanden en Joyce van Oorschot

zop van nop
Tjibbe Veldkamp en Irma Ruifrok

sterretjes bij kern 6 van Veilig leren lezen

na 16 weken leesonderwijs

1. de bal is een boot
Stefan Boonen en Greet Bosschaert

2. tim toer
Monique van der Zanden en Joyce van Oorschot

3. zop van nop
Tjibbe Veldkamp en Irma Ruifrok